T0268940

# PRAGA

## MANUEL VÁZQUEZ MONTALBÁN

(Barcelona 1939 - Bangkok 2003) fue un hombre
definitivamente polifónico en su escritura, pues su obra alberga
desde la novela policiaca, con un inolvidable Pepe Carvalho,
hasta ensayos sobre fútbol, libros sobre gastronomía y artículos
periodísticos. Vázquez Montalbán, además, escribía versos y se
sentía muy orgulloso de esta faceta, aunque sea probablemente
la menos conocida de su carrera. En *Praga* encontramos algunos
de sus versos más libres y representativos, breves estrofas que
destilan surrealismo y una impecable factura literaria.

# PRAGA

## MANUEL VÁZQUEZ MONTALBÁN

POESÍA
PORTÁTIL

No puede ser.
Esta ciudad es de mentira.
No puede ser que nadie sienta rubor de mi pereza
y los suspiros me entusiasmen tanto como los hurras
y pueda escupir con inocencia y alegría
no ya en el retrato sino en un señor
no puede ser que cada azotea con antenas
encuentre al fin su rayo justiciero y puntual
y los suicidas miren al abismo y se arrojen
como desde un recuerdo a una piscina.

MARIO BENEDETTI

1

Ya estaban aquí
el sereno cieno
amante de la bota
y del loto orinado
la fosa común el muro
las descargas
                    los tanques varados

Sobre las cárdenas carnes
amalvadas por el poniente
                              Praga
avanzan las hordas caquis
la lepra parda y ciega pudre
la piel del aire

                el mar estanque

paraliza el horizonte
                        barcos sin estela
cadáveres a la deriva sobre su propia sangre

Oh ciudad del terror
entre las avenidas lívidos
árboles del otoño
                    los invasores
fusilaban archivos
borrachos de memoria bárbaros
hartos de carne humillada
                            y ofendida

el miedo era una presencia
el silencio su mortaja
las palabras escondidas en las cosas
las ideas en los ojos
                        contemplaban
la división entre el que muere y el que mata

El odio fue heredado
el miedo entre los dientes
en las oscuridades silenciadas
de la propia memoria
                              el tanque
repartía huidas desde la esquina
para pequeñas gentes bajo exactos olvidos
con los ojos cerrados
                              hasta en las madrigueras

entre visillos jamás corridos
sombras de amenazas gritos himnos
la obscenidad del tanque enhebrando ventanas

humilladas mujeres ofendidos hombres
de una clase social anexionada
fox fox trot bolero bugui mambo
la evolución del olvido o su promesa

                                        y así

así se templó mi acero
mi talón el de Aquiles la espada

de Sigfrido

Surgidos
de la noche oscura
entre parsimonias de tanques lentos
                              mellados
balcones al acantilado de la muerte
verdugos con peineta ojos de cristal
entre espadas y tapias cementerios
bajo los pies profundos los gritos
                              tenaces
a pesar del óxido en los rostros
lágrimas de cieno ahogada turba
en urgidas ramblas del terror
                              ausentes
y presentes como el sol de amanecidas
ateridas flores de sótanos tercas
flores de tejados de vidrio
                              fieles
más acá de ejércitos cautivos
oculta tropa de madrugas y gestos

aprendisteis a avanzar de espaldas
para oír cara a cara el tiro de gracia
                    mis feroces camaradas

Os reconozco
en vuestro retrato predilecto
músculos tensos
la historia es horizonte
armas o herramientas
                              ultimátums
de decisivas huelgas fracasadas
o asaltos al Palacio de Invierno
                              cada verano

he respetado vuestros cuentos
para dormir de noche amanecer
                              de día
les di camino fueron mi sombra

mas no os fiéis de mi entusiasmo
demasiado distante para creer
todos los días a todas horas
                              todos juntos

demasiado necio para huir
de toda tierra todo abrazo
                    todo tiempo
condenado a vivir lejos morir cerca
nocturno de día diurno de noche
animal o flor equivocados
                    quiero
cuando debiera odiar
                vivo
cuando hasta los jaramagos tiemblan de presentimiento

2

Nacer nació nacida
mi condición de rana
judía en una charca
de fondos construidos
amar perder
              siempre más alta
la bandera de la ciudad vencida

Lejos de mí tan lejos
el abrigo de la Historia
                              y de la tierra
criados campesinos inmigrantes
marinos calafates náufragos
en blandos mares sin islotes
                              norte de brumas
brujas condenadas en su hoguera
                              sur de huidas


no escogí nacer entre vosotros
en la ciudad de vuestros terrores
en su sur vencido y fugitivo
mediocres estelas de hambre y olvido
fui sombra chinesca sobre los paredones
donde me fusilaron tampones y recelos


nací en la cola del ejército huido
me quedé a la luz del centinela
y os pedí prestados aire y agua

en barrios que os sobraban

                            mientras vosotros

vencidos locos fingíais mares
por donde llegarían príncipes ingleses
y os llevarían con Praga para anclaros
en limpios puertos del propicio norte

Como el judío que añora
aquel lugar
del que no sea preciso regresar
paraísos de confianza
                    en la propia piel
o en la blanda penetrabilidad
                    de los cuerpos


vivo en Praga acumulando
recuerdos deudas pérdidas
de la propia identidad en cada testigo
                    muerto


escribo en alemán para que las palabras
no sean vuestras ni mías
                    al fin y al cabo
todo lenguaje es un tam tam
que pide socorro en una lengua
                    inaceptable

ser judío vivir en Praga escribir en alemán
significa no ser judío ni alemán
                                    ni ser aceptado
por las mejores familias de la ciudad
                                    que identifican
el alemán con Alemania y el ser judío con la alarma

Por las venas un río en fuga
o quizá sólo de tránsito
pero fue el aire de Praga
la monumentalidad oxidada
de sus palacios sin reyes
de sus diccionarios sin lengua
de sus garitas llenas de guerreros
                                    extranjeros
la que cambió el ritmo de la sangre
y señaló el mapa exacto de cuatro
puntos cardinales cuatro esquinas de cruz
                                    final

nacidos para ser extranjeros
compartimos con vosotros la condición vencida
incluso los recuerdos –los vuestros, sin duda–
de escuadras en el mar
                        mares de Praga

sangre de paso o de vuelta digo
recuerdos vuestros memoria vuestra
y al fin imposible el ayer y el mañana
mestizos de derrota propia y ajena
cultura de bolero y K quinientos cuatro

de cuando Mozart cedía a Praga
tres movimientos de una sinfonía que le sobraba

Nacer en Praga en 1883
significa ser súbdito
del imperio austro-húngaro
Francisco José despilfarrador de Historia
Sissí madre de hijos asesinables
finalmente dinamitada
                    por una anarquista consecuente

Kafka por parte de padre
Amschel por parte de madre
comerciantes que jamás leyeron a Kafka
niño con ganglios y terrores precoces
Praga fue primero escuela primaria
sillón patriarcal para padres
                    sin remordimientos

abogado y fugazmente socialista
protestó en mil novecientos nueve
por el asesinato de Ferrer Guardia

conmemoró el cuarenta aniversario de La Comuna
amó a las mujeres para cartearlas
y Milena Jesenská le tradujo al checo
en un vano intento de repatriarle
tras descubrirle cierta poquedad sexual


                                        en alemán
Kafka describió el terror de ser hijo y ciudadano
o acaso padre y estado fueran
                              —al decir de Benjamin—
las dos arqueologías de su sabiduría:
rumor de cosas verdaderas y locura


                              Praga
era el castillo sótano de justicia
gran muralla china al final
del vano esfuerzo para salir de uno mismo
a través de estancias achicadoras
                              de toda estatura


calles del castillo calles de Praga
                              laberinto
para el judío que escribe en alemán y asume
insuficientemente la tradición del Talmud
                              la esperanza de Sión

olor de padre mujer ciudad ilimitable
                              Praga
capital de República en mil novecientos veintidós
fugaz soberana entre dos ocupaciones
Kafka siguió escribiendo en alemán
entre recelos checos y desdenes judíos
en esta época se le ve joven vampiro
en una calle plaza foto sin salida
realizada por un fotógrafo kafkiano
                              avant la lettre


tuberculosis mudez sanatorio Wienerwald
muerte en Kierling no lejos de Viena
enterrado en Praga junto a un padre metafísico
y a una madre insuficientemente literaria
profeta de Hitler y del vietnamita cósmico
sus hermanas fueron gaseadas a oscuras
y sus obras quemadas por sospechosas
                          de decadencia e irrealidad


aunque Benjamin le supone sentido del humor
nada indica que su última obra
—Josefina la cantante o el pueblo de los ratones—
fuera un desplante a la ciudad versátil
contemplada desde un punto de vista tuberculoso:
ciudad del terror entre las avenidas

lívidos árboles del otoño
                                    aunque todo es posible
es un hombre que pidió la destrucción de sus obras
al único judío que no iba a hacerlo

3

La llamaron Praga
los viajeros del norte
mas no tiene nombre
para los fugitivos del sur
encrucijada de invasores
nostalgias salmos banderas

                              sin asta

Podía ser la muchacha de arena
mojada a la espera
                    de la muerte en el sol
desmigadas carnes en caída
lenta la pleamar trasiega
                    carnales arenas


o la verdad Total la Historia
como un cubo que se crece
hasta encerrar la tierra
                    falsificando
su maltratada curvatura de luna
                              ciega


o tal vez simplemente una ciudad
esta ciudad dibujable para los pájaros
en sus vuelos hacia el nacimiento del sol

                                        ¿qué se hizo
del país de la infancia y del exilio

de una adolescente sensible?
                                    adultos lunes
mujeres de viento y tiempo de Historias

Praga es una ciudad de Ferias y Congresos

Sibilas en topless tristes
marineros sin océanos
y alguna rígida nota diplomática

amad amad el ritmo
de las penúltimas despedidas
paisajes en corteza y almas
de antepasados olvidables

                              no basta
deambular por un cartel
letra hombre globo
                    rasgadura
o muchacha de nalgas separadas

                         vendidos
compradores comprados vendedores vencidos
                         ciudadanos de Praga

Ejecutados o ejecutivos
héroes agresivos
                    recordaros
en los Beatles de Liverpool

envejecieron en vosotros
sus cuatro caras de ceniza
y vientos quinquenales
deshojaron el libro del sentimiento

mas no es preciso
resucitar a los muertos que no matasteis
ni las palabras no dichas
ni las furias abstractas
                    para justificar
la culpa que os hace liberales

sed liberales poco amables
o amables poco liberales
pero jamás liberales amables
y mucho menos amables liberales

Bien está
que necesitéis la muerte
para creer en la vida
o que pidáis perdón
cuando no podáis exigirlo

                              ya no tenéis remedio


pero es excesivo
que os perpetuéis desnudos
para morir vestidos
por el orgullo de que alguien os entierre
y ensaye su propia muerte

                              en la vuestra


no tengáis hijos


dejad que las tortugas recuperen la tierra
y ni siquiera memoricen

la sopa de tortuga
                    o la victoria sobre Aquiles
manipulada por los filósofos
no condenéis a muerte

al inocente que descubrirá ya muerto
no haber nacido inmortal
ni invisible en los espejos
                    del espacio y el tiempo

a lo sumo
extingámonos sin dolor
reservando la tierra para las penúltimas parejas

y la útima que se suicide
para evitar la conspiración de las serpientes

4

ciudad del deseo cuerpo
de entregas concertadas
no hay pecado hay encuentros
entre cuerpos sin dramas
asfalto carne rascacielos lechos
la piel no habla no suda no ama

Como si no supiera llegar
a otros cuerpos encuadernados
                              en piel humana
los contemplo desde lejos
                    y hasta nunca

me sonríen hermosas muchachas aleladas
corro por aceras que me persiguen
y llego al tren en el momento
en que las muchachas han muerto

                              en cada ventanilla
como en una fotografía repetible
                        que se marcha

Ya sé que debería creerme
lo que pienso cuando siento
o lo que siento cuando entro
en tu cuerpo entreabierto

pero temo morir de fe o de esperanza
y no constatar en el nuevo día
la desolación del acto y la mirada

ya sé que aburro la distancia
entre tus ojos y los míos

                              manda
que los cierre y piensa
que no te miro por no verte
                    y creer en ti

Culos de asiento senos
pequeños de animales prudentes
fellatio con los dientes
                        lengua
para el comentario de entreguerras
o la parsimonia del caramelo
—a media luz los tres—


                        ni siquiera
un no seas loco o un penétrame
con los ojos sucios y el semema furtivo

del lecho al bidé
del bidé a las rebajas
de las rebajas a la patria
un anochecer de regresos y sopas preparadas

damas de Praga

como las rosas de Alejandría
coloradas de noche blancas de día

5

morirá esta historia en la Historia
de explosión en los ojos
cuartearán las esquirlas
de la ciudad vencida
los cuerpos son mi cuerpo
vida historia rosa tanque herida

Jamás saldré de ningún laberinto
estaba escrito en mi cerebro

                  y en vuestra mirada

incluso cuando el director reclame
la atención de la orquesta no esperéis
silencio de su varita mágica

                  inmotivado
no creo en vuestro sentido ni en el mío
cada época construye sus ruinas
cada hombre nace fugazmente

                  y muere largamente

la música alberga las huidas
pero finalmente nos entrega a las patrullas

Cuando pague mis deudas
y entierre a mis muertos
                              ya seré viejo

me lo dirá el frío cierne
del mar hasta mi cuello
el último poniente de un verano
la piel que pide abrigo de toalla

en cada deuda perdí tiempo
en cada muerte memoria de mí

sin nadie que me cuente
el porqué de mis sombras
quedaré a vuestra merced
                              mis bien pagados acreedores

Cuando ya nadie sepa
el porqué de mi nombre
                              o de este mueble
ni por qué fue tan triste aquel doce de agosto
olvidadas crueldades sin origen
pequeñas cicatrices sin alcohol


                         ¿recuerdas?
fue en abril y te caíste en la fuente más hermosa de Praga


fotografías llenas de desconocidos
sin nadie que les avale


                         ¿recuerdas?
es el primo Anselmo antes de morirse de arrepentimiento


había tenido el tifus en Larache
pero te llevó un día al Laberinto
fue en abril y te caíste en la fuente más hermosa de Praga
qué dije en mi primer entierro

quizás en aquel triste doce de agosto
                              ¿recuerdas?
no, fue en abril y te caíste en la fuente más hermosa de
                              [Praga


te pusieron una chaqueta de hombre
el primo Anselmo envejeció mucho antes de morir de
                              [arrepentimiento
por haberte dejado caer en la fuente más hermosa de
                              [Praga


tenía un gato de piedra
del que manaba agua

Y un día vuestros pasos
no volvieron a casa
me dejasteis las fotografías llenas de desconocidos
rotos los espejos de los miedos antiguos
en cada esquina un laberinto
en cada portal un muchacho que vuelve

para qué ser yo si era vuestro
el aroma del tiempo si era vuestro
                                        el tiempo
aquel país de otoño y buenas noches mamá

aquella ciudad de horarios y reencuentros

6

no hay lenguaje sin metáfora
muerte es metáfora de la nada
no es la vida es la rosa
no es la Historia es el tanque
ni siquiera Praga es Praga
ni siquiera
       propiamente
              una sinfonía inacabada

Si el extranjero quisiera
pan y sal le bastaría
aprender en vuestra lengua
las respuestas sagradas
                              necesitáis
compasión por vuestras derrotas
comprensión para vuestra fuerza
de vencidos vencedores
de vencedores vencidos


                         aunque reconstruyamos
murallas de razones
y hasta los mestizos prediquemos
la reconstrucción de Praga
a los invasores confiados
en su costumbre de vencer
                              preferís
comprobar la raza en la lengua
no en los ojos no en las manos

y cualquier alemán os seduciría
con el santo y seña
                  de las respuestas sagradas
os reconozco
en vuestra coquetería de víctimas
y aunque redacte un auto de fe
ante cada desgracia
                  lo hago descreído
de la suerte de mi ciudadanía
cuestionada por el mestizaje de mis recuerdos
por el mestizaje de mis muertes y mis vidas

y sobre todo
por el alevoso mestizaje de la fonética

Yo creo ¿yo creo?
Jo crec crec
                    crec?

inútilment vaig esperar la mort de la groga holoutúria
que los marineros de Salgari pescaban sin escafandra ni
batiscafo sin otro auxilio que el brou d'alga marcida

pero antes hubiera muerto yo ahogado
dormien els llums tous de Shanghái
i la noia rosa no es treia les calces humides
—no tenia cor ni cos el corb
fugia cap a l'Orient Blavós—

                    cal fer prosa fantàstica

los marineros mestizos olían a morralla
però els cavallers txecs olían a esencia
vermella de la més turca Turquía del més Oriental orient

¡vienen las hordas tártaras de Almería!
clamaba Heribert Spencer a l'àgora de la Bruchstrasse


Yo creo ¿yo creo?
Jo crec crec
            crec?


        estimava la mort quotidiana del drapaire
        a la pell de conill!
        era la resistència lingüística d'una raça
        somos los mejores
        los mestizos somos los mejores
        tenim dues llengües
        tenim dos arguments d'exili
        dos posibilidades de silencio

        però no queden mars de Salgari
                                solament
        mars de runes
        mars d'estels de portaavions
        mars de mierda

        Yo creo ¿yo creo?
        Jo crec crec
                    crec?


        els agitadors d'aspirines s'embutxaquen el vent

Las calles no conducen a final alguno
ni las palabras
                    por ejemplo: adiós melaza soy

mas no es cuestión de calles ni lenguajes
de extranjeros encuadernados en piel humana
acaso los tanques urbanos sean lo definitivo
entren salgan estén los invasores paisaje
interior o retrato de ciudad con tanque
                                    falsamente extranjero

inacabadas las idas y las muertes
Mozart dejó incumplida la K quinientos cuatro
primera sinfonía prerromántica
se ignora por qué razón suprimió el tradicional minué

tal vez le bastara el chiste musical inmotivado
*dramma giocoso* situado entre Las Bodas y Don Juan
Mozart era tan amado en Praga

que hasta los mendigos cantaban fragmentos de Las Bodas
y en el estreno de la K quinientos cuatro
masones y mendigos no necesitaron del cuarto movimiento
para agotar las localidades y encargarle el Don Juan

y fue en Praga donde el viejo Casanova
bibliotecario *I has been* posó para el Don Juan
fascinado por la lenta monumental introducción de Praga
precursora del Beethoven de la Segunda Sinfonía
música de fondo para expediciones de alcoba y memoria

ingratitud de Mozart hacia sus adoradores
hermanos masones de A la verdad por la Unión
que le consideraron la encarnación de la Armonía
eligió morir en Viena cerca del Poder
lejos de Praga ciudad inacabada
                        para sinfonías inacabadas

ciudad de judíos que escribían en alemán
de calles y palabras sin final alguno
de invasores insuficientemente extranjeros
o acaso no sea Praga una ciudad una sinfonía
ni la Historia ni una vida ni este libro

acaso sea simplemente una metáfora

7

Ya estaban aquí
el sereno cieno
amante de la bota
y del loto orinado
la fosa común el muro
las descargas
                los tanques varados

nacer nació nacida
mi condición de rana
judía en una charca
de fondos construidos
amar perder
                siempre más alta
la bandera de la ciudad vencida

la llamaron Praga
los viajeros del norte
mas no tiene nombre
para los fugitivos del sur
encrucijada de invasores

nostalgias salmos banderas
                              sin asta
ciudad del deseo cuerpo
de entregas concertadas
no hay pecado hay encuentros
entre cuerpos sin dramas
asfalto carne rascacielos lechos
la piel no habla no suda no ama

morirá esta historia en la Historia
de explosión en los ojos
cuartearán las esquirlas
de la ciudad vencida
los cuerpos son mi cuerpo
vida historia rosa tanque herida

no hay lenguaje sin metáfora
muerte es metáfora de la nada
no es la vida es la rosa
no es la Historia es el tanque
ni siquiera Praga es Praga
ni siquiera
              propiamente
                        una sinfonía que sobraba

*Barcelona 1973-1982*

Papel certificado por el Forest Stewardship Council®

Primera edición: octubre de 2019

© 1982, Manuel Vázquez Montalbán y herederos de Manuel Vázquez Montalbán
© 2019, Penguin Random House Grupo Editorial, S. A. U.
Travessera de Gràcia, 47-49. 08021 Barcelona

Printed in Spain – Impreso en España

ISBN: 978-84-397-3633-2
Depósito legal: B-17.371-2019

Compuesto en La Nueva Edimac, S. L.

Impreso en Reinbook Serveis Grafics, S.L.
(Polinyà, Barcelona)

R H 3 6 3 3 2

Penguin
Random House
Grupo Editorial